GRACIAS.

MI REGALO DE AGRADECIMIENTO

APRECIACIÓN

Agradezcamos a las personas que nos hacen felices: son los encantadores jardineros que hacen florecer nuestras almas.

Marcel Proust

Querido...

Este regalo es para ti porque…

....
....
....
....
....
....

Mes   ....

Año
           ....

Eres especial para mí porque...

Uno de mis momentos más agradables con usted ha sido…

Si tuviera que enumerar cinco de tus cualidades especiales, serían...

1

2

3

4

5

AMOR, AMISTAD, RISA...

ALGUNAS DE LAS MEJORES

COSAS DE LA VIDA SON

REALMENTE GRATIS.

BOB MARLEY

ESTO ES ALGO QUE DIJISTE QUE SIGNIFICA MUCHO PARA MÍ...

Estuviste ahí para mí…

"NO RECORDAMOS
LOS DÍAS;
RECORDAMOS LOS
MOMENTOS"

CESARE PAVESE 1908 – 1950

Fuiste tan amable
cuando...

Me haces sonreír....

Una celebración especial que recuerdo con cariño compartir con ustedes fue...

Comparte tu historia y tu ubicación

ENCONTRARÁS, CUANDO
MIRES ATRÁS EN LA VIDA,
QUE LOS MOMENTOS QUE
SOBRESALEN SON LOS
MOMENTOS EN QUE HAS
HECHO COSAS POR LOS
DEMÁS

HENRY DRUMMOND (1851 - 1897)

Tú haces esto mejor que nadie...

"A veces el corazón ve lo que
es invisible para el ojo"

H. Jackson Brwon. JR.

Si hubiera una palabra

para describirte, sería..

Siempre sonrío cuando pienso en esta historia...

Un momento especial

Un momento especial juntos

Un momento especial juntos

Más momentos especiales juntos

El significado de la vida es encontrar tu don. El propósito de la vida es regalarlo

Pablo Picasso

Quiero concluir diciendo...

NOTAS

Gracias..

LIBROS

GRACIAS POR SER EL MEJOR PADRE
GRACIAS POR SER EL MEJOR PAPÁ
GRACIAS POR SER LA MEJOR MADRE
GRACIAS POR SER LA MEJOR MADRE
GRACIAS POR SER LA MEJOR HERMANA
GRACIAS POR SER EL MEJOR HERMANO
GRACIAS POR SER EL MEJOR PRIMO
GRACIAS POR SER LA MEJOR ABUELA
GRACIAS POR SER EL MEJOR ABUELO
GRACIAS POR SER EL MEJOR TÍO
GRACIAS POR SER LA MEJOR TÍA
GRACIAS POR SER UN GRAN MAESTRO
GRACIAS POR SER UN GRAN ENTRENADOR
GRACIAS POR SER UN GRAN AMIGO
GRACIAS POR SER UN GRAN MÉDICO